ІЄРАРХІЯ ПОТРЕБ МАСЛОУ

Отримайте важливу інформацію про те, як мотивувати людей

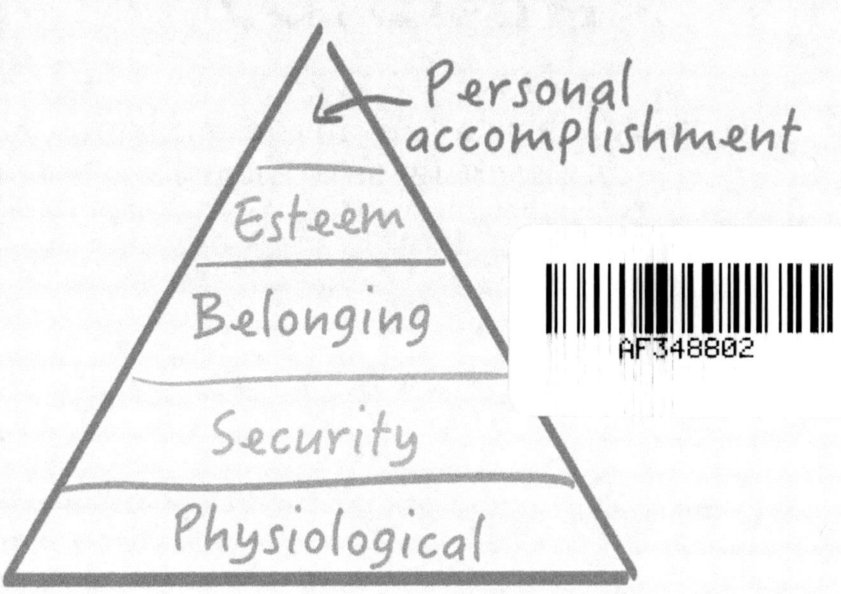

AF348802

50MINUTES.com

ІЄРАРХІЯ ПОТРЕБ МАСЛОУ

Отримайте важливу інформацію про те, як мотивувати людей

написаний Pierre Pichère
перекладено Yaroslav Melnik

50MINUTES.com

ІЄРАРХІЯ ПОТРЕБ МАСЛОУ 4

Ключова інформація 4
Вступ 4

ТЕОРІЯ 6

П'ять рівнів потреб 6
Потреби: від економіки до маркетингу 8

ОБМЕЖЕННЯ ТА ПРОДОВЖЕННЯ 9

Обмеження та критика 9
Споріднені моделі та розширення 10

ПРАКТИЧНЕ ЗАСТОСУВАННЯ 12

Продукти та потреби 12
Практичний приклад – харчова промисловість 16

РЕЗЮМЕ 20

ЧИТАТИ ДАЛІ 21

Бібліографія 21

ІЄРАРХІЯ ПОТРЕБ МАСЛОУ

КЛЮЧОВА ІНФОРМАЦІЯ

- **Ім'я:** Ієрархія потреб Маслоу, Піраміда потреб Маслоу.

- **Використовується:** психологія та соціальні науки (для категоризації та пріоритизації індивідуальних потреб), маркетинг та менеджмент.

- **Чому він успішний?** Це динамічне візуальне представлення потреб, що включає як фізіологічні, так і духовні аспекти.

- **Ключові слова:** психологія, потреби, Маслоу, піраміда.

ВСТУП

Економічна наука – це розподіл обмежених ресурсів відповідно до безмежних потреб, мотивацій та очікувань людей. Але як визначити потреби? Саме це намагається зробити ця піраміда, розроблена американським психологом Абрахамом Гарольдом Маслоу (1908-1970).

Історія

Починаючи з 1940-х років Маслоу разом з Карлом Роджерсом (психолог, 1902-1987) запровадив новий підхід до гуманістичної психології. У своїх роботах Маслоу досліджував структуру людських потреб. Пізніше його читачі та прихильники формалізували його тези у вигляді піраміди.

Існує п'ять рівнів потреб:

- фізіологічні потреби

- потреби безпеки

- потреба у визнанні

- потреба в повазі

- потреба в самореалізації.

Кожна з цих категорій відповідає видам людської діяльності. Ця модель широко використовується в економіці та в корпоративному світі, особливо в маркетингу та менеджменті. Наприкінці цього дослідження ми побачимо, як економічний сектор використовує цю модель на прикладі харчової промисловості.

Визначення моделі

Піраміда потреб, яку також називають пірамідою Маслоу, пропонує модель для визначення потреб людини, починаючи від найпростіших функцій (їжа, сон тощо) до більш повноцінних (самовдосконалення, заняття мистецтвом або спортом тощо). Маслоу був психологом, але його модель, узагальнена у вигляді піраміди, була використана в економіці та світі бізнесу. Вона пропонує простий і ефективний спосіб визначення різних потреб, якщо розглядати їх як єдине ціле, а не як послідовні етапи.

ТЕОРІЯ

Мікроекономіка, природно, стосується умов, які призводять до ринкового обміну. Піраміда Маслоу знаходиться попереду цих висновків, прямо біля витоків попиту: потреб.

П'ЯТЬ РІВНІВ ПОТРЕБ

Рівень за рівнем Маслоу об'єднує різні людські потреби. Він прямо не говорить про форму піраміди, але про ієрархію важливості: як тільки задовольняються сімейні потреби, одразу ж з'являються інші. Оскільки ієрархія потреб Маслоу охоплює багато сфер, в тому числі і розвиток особистості, для розуміння суті концепції корисно використовувати терміни, якими користувався сам автор.

- Перший рівень – це рівень **фізіологічних потреб**. Їжа, пиття, сон, дихання і т.д. – все це функції, пов'язані з індивідуальним виживанням. Оскільки це базові, життєво важливі потреби, вони, очевидно, є найважливішими: вони, безумовно, перевищують потреби в безпеці, повазі тощо.

- Далі, **потреби безпеки**. Ви можете одразу подумати про фізичну недоторканність, але ця категорія не обмежується цим – захист від крадіжки та пошкодження також підпадає під цю категорію. Маслоу стверджує, що потреби в безпеці спонукають людей віддавати перевагу знайомому, а не невідомому.

- Коли ці два типи потреб задоволені, з'являються потреби, пов'язані з любов'ю, прихильністю або соціальними відносинами (**потреба в приналежності**). Ця третя категорія враховує соціальну природу людини.

- Це підводить до четвертого рівня піраміди – **потреби в повазі або визнанні**. До цієї категорії відносяться потреби, пов'язані зі статусом, зайнятістю, владою і грошима, які визначають нас у суспільстві.

- Нарешті, на вершині піраміди знаходиться **потреба в особистих досягненнях**. Якщо потреби нижніх рівнів залежать від сприйняття інших, то потреби на вершині піраміди пов'язані з розвитком особистості людини. На думку Маслоу, ці потреби можуть приймати будь-яку форму, якщо вони відповідають індивідуальним бажанням людини. Іншими словами, якщо я хочу бути лікарем, наприклад, то автоматично з'являється потреба, пов'язана з тим, щоб стати лікарем, така як потреба знати, як працює людський організм.

За теорією Маслоу, слід задовольнити потреби кожного рівня, перш ніж переходити на наступний. Чи буде хтось боятися за збереження свого майна, якщо йому нічого їсти? Чи дбатиме хтось про свої соціальні зв'язки, коли на нього нападе група мародерів? Яка користь від визнання з боку інших без інтеграції в соціальну групу? І наскільки успішною може почуватися людина без гарної самооцінки? Таким чином, це динамічна модель, а не строго ієрархічна презентація.

Маслоу розглядає індивідуальний розвиток в перспективі, припускаючи, що люди завжди прагнуть до хорошої якості життя. Насправді, потреби не є однаковими для всіх, і вони також змінюються з часом. Більше того, інші типи потреб можуть виникати з різною важливістю в залежності від людей та обставин і співіснувати поряд з тими, що представлені в піраміді.

ПОТРЕБИ: ВІД ЕКОНОМІКИ ДО МАРКЕТИНГУ

У порівнянні з багатьма потребами, пов'язаними з соціальними відносинами та людьми, потреба в наявних товарах здається дуже обмеженою. Однак економічні міркування більше цікавляться корисністю – тобто функцією додаткової одиниці товару для споживача – ніж потребою, не надаючи пріоритету самим товарам.

Аналіз потреб більше стосується маркетингу та менеджменту. Потреби здебільшого вивчаються на рівні компанії та її позиціонування на ринку. Психологи погоджуються з тим, що екзистенціальні та базові потреби є відносно обмеженими, але завжди існує потреба – у вигляді нестачі або бажання – у продукті з боку споживача.

Маркетологи знають про це і постійно звертаються до відомої піраміди Маслоу. Розміщення продукту або послуги в піраміді змушує нас розглядати і розробляти стратегії запуску, які іноді бувають дуже різноманітними. Наприклад, ми б не стали виводити на ринок основний продукт як елемент високих технологій. Також можливо, що продукт або послуга задовольняють різні рівні потреб; тоді необхідно адаптувати повідомлення відповідно до цільових споживачів.

ОБМЕЖЕННЯ ТА ПРОДОВЖЕННЯ

ОБМЕЖЕННЯ ТА КРИТИКА

Як і всі класичні теорії в суспільних науках, піраміда потреб стала предметом критичної інтерпретації. Виділено кілька слабких сторін моделі, хоча деякі з них є суперечливими:

- **Відсутність нюансів в ієрархії потреб.** Одні природні функції важливіші за інші. Можна кілька днів не їсти, а можна лише на кілька хвилин перестати дихати.

- **Сумнівна ієрархія.** Вона не враховує той факт, що людина є соціальною істотою. Невже потреба в їжі може бути поставлена вище за підтримання людських стосунків чи самовдосконалення? Без їжі людина не може вижити. Без достатньої взаємодії з іншими людьми психічний стан людини буде погіршуватися, доводячи її до божевілля або навіть до самогубства.

- **Етноцентризм моделі.** Всі дослідження проводилися на західних популяціях, в результаті чого був сформований підхід, який застосовується лише до багатих, розвинених цивілізацій.

За винятком цього останнього пункту, критика, пов'язана з відсутністю або надлишком ієрархії, насправді більше стосується способів використання теорії Маслоу, ніж самої теорії. Насправді, форма піраміди не з'являється в роботі Маслоу, і вона приховує динамічний рух, який він передбачав між різними потребами.

Використання піраміди Маслоу в економіці залишається досить обмеженим. Неможливо проаналізувати визначення ціни залежно від рівня потреби. Застосування стосується більше граничної корисності блага (як показали економісти Леон Вальрас (1834-1910), Вільям Стенлі Джевонс (1835-1882) та Карл Менгер (1840-1921) у [19] столітті), тобто задоволення, яке приносить додаткова одиниця блага, а не його рівня в піраміді Маслоу.

Слід пам'ятати, що піраміда Маслоу – це не класифікація всіх потреб і бажань економічних агентів, а п'ятиступенева модель самореалізації людини. Якщо розглядати цю піраміду в такому ключі, то вона може слугувати опорою для втручання державних суб'єктів в економіку: регулювання виробництва продуктів харчування та захист якості повітря (фізіологічні потреби), забезпечення правопорядку (потреби в безпеці), забезпечення соціалізації дітей, зокрема в школі (любов та приналежність) тощо. Складніше розглянути відповідь на два верхні рівні піраміди. Суспільне мовлення, вища освіта та інвестиції в культуру, можливо, можна розглядати як колективні відповіді на потреби в самореалізації та визнанні з боку інших.

СПОРІДНЕНІ МОДЕЛІ ТА РОЗШИРЕННЯ

Теорія потреб Хендерсона

Були запропоновані й інші моделі, зокрема модель Вірджинії Хендерсон (американська медсестра, 1897-1996), яка визначає 14 потреб, представлених у вигляді сітки. Ця модель широко використовується в медичному світі. Тим не менш, додатковий внесок цієї моделі не є чітким. Всі виділені категорії підпадають під п'ять основних категорій піраміди Маслоу. Також, якщо обмеження цієї моделі одразу впадають в очі, то обґрунтувати цю нову класифікацію складно.

Теорія ERG

У 1969 році американський психолог Клейтон Альдерфер (нар. 1940 р.) представив теорію ERG (Existence, Relatedness and Growth), яка фактично є більш стислою версією піраміди Маслоу. Замість п'яти рівнів теорія ERG виділяє три: потреби існування (їжа, одяг, безпека тощо), потреби спорідненості (бути пов'язаним з іншими індивідами) та потреби зростання (розвиток, творчість, сенс життя, самоповага тощо). Альдерфер не ставив собі за мету перекроїти категорії Маслоу. Для нього людина повинна задовольняти ці потреби одночасно, а не одну за одною, піднімаючись рівнями піраміди. Якщо потреби зростання не задовольняються, це позначається на соціальній поведінці та базових функціях, таких як сон та їжа. За словами психолога, динаміка потреб є більш комплексною, ніж у моделі Маслоу. Особливо успішною його модель виявилася у сфері менеджменту та психології праці.

ПРАКТИЧНЕ ЗАСТОСУВАННЯ

Як бачимо, піраміда Маслоу має найбільш конкретне економічне застосування в маркетингу. Не дивно, що все більше моделей з психології використовуються в маркетингових цілях, оскільки концепція маркетингу базується на розумінні та передбаченні поведінки споживачів.

ПРОДУКТИ ТА ПОТРЕБИ

Замість того, щоб дотримуватися категоризації кожного продукту або послуги на рівні піраміди, краще подивитися на те, яка операція може задовольнити найбільше потреб.

Продукт, потреба

Найпростішим застосуванням є визначення рівня піраміди, на якому знаходиться продукт або послуга, яку ви хочете вивести на ринок: продукти харчування та базові засоби гігієни знаходяться на нижньому рівні, культурні продукти – на верхньому. Ця класифікація здається вкрай примітивною, але вона має сенс. Про це свідчить організація полиць супермаркетів, де продукти розподілені за категоріями відповідно до їх типу та використання.

Найчастіше частиною цього процесу стають найпростіші продукти. Особливо це стосується основних продуктів харчування. Пачки макаронів чи картоплі покривають лише перший рівень піраміди: вони покликані нагодувати.

Але цієї стратегії рідко буває достатньо самої по собі. Пам'ятайте, що піраміда Маслоу динамічна, і хороший запуск продукту або послуги повинен задовольняти максимальну кількість потреб.

Маркетинг за допомогою піраміди

Розробка пропозиції для споживачів пов'язана з охопленням усіх рівнів піраміди.

Для повного розуміння цієї теорії слід визначити потреби в їх сучасному контексті. У суспільстві з'явилися нові функції, яких не існувало за часів Маслоу ([20] століття). Наприклад, якщо хтось переїжджав у 1950-х роках, то не так швидко і не так далеко, як ми можемо сьогодні: сім'ї були ближче один до одного, а житло, як правило, знаходилося поруч з робочим місцем. Крім цілей дозвілля, потреба в подорожах може розглядатися як фізіологічна потреба, оскільки вона дозволяє людині заробляти на життя, ходячи на роботу, або підтримувати емоційні стосунки, відвідуючи друзів і родичів.

Автомобіль є чудовим прикладом стратегії, яка розвивається всередині піраміди. Найдешевші моделі обмежуються базовими функціями, в той час як більш дорогі моделі поєднують в собі престиж і комфорт. У всіх випадках цей тип товару зачіпає кілька рівнів піраміди: фізіологічну потребу в пересуванні, необхідність уникати транспортних засобів, які відомі своєю ненадійністю, приналежність до спільноти водіїв, чиї автомобілі належать до однієї конкретної, добре відомої марки, і (для найбільш досконалих моделей) задоволення від володіння дорогим, розкішним товаром.

Таким чином, маркетинг намагається розробити стратегію для задоволення вищих рівнів піраміди продуктами, які, як видається, в основному задовольняють перший рівень потреб. Він також забезпечує протилежну функцію, хоча це і складніше. Коли продукт або послуга призначені для підвищення самооцінки або розвитку особистості, бренд може зосередитися і підкреслити фізіологічні аспекти і аспекти безпеки покупки, щоб залучити найбільшу кількість споживачів до купівлі продукту. Подумайте про косметику, де брендинг перемикається між сяючою красою (четвертий і п'ятий рівні) і доглядом за собою, підтримкою шкіри і тіла, що відноситься до фізіологічних потреб і потреб у безпеці.

Маркетинг і потреба в любові та приналежності

А як щодо третього рівня піраміди? Здається, смішно уявити собі продукти, які могли б задовольнити потребу в любові. Маслоу відносить до цієї категорії узи дружби чи кохання, які важко задовольнити на ринку (хоча успіх сайтів знайомств показує, що місце для посередників у цій справі є), а також членство в соціальних групах.

Тривалий час маркетинг грав на престижності товару, щоб заохотити споживача до його купівлі. З кінця [19] століття соціолог і економіст Торстейн Веблен (1857-1929) виявив перекіс у моделі homo economicus.

👁 Додаткова інформація: Homo economicus

Концепція економічної людини (лат. homo economicus) відображає теоретичну поведінку людини. Виходячи з цього абстрактного уявлення, теоретики в різних галузях думають про потенційні взаємодії між зображеною тут людиною та концепціями, які вони розробляють.

Звичайно, ми максимізуємо корисність того, що купуємо, але імітація і навіть снобізм не позбавлені у наших рішеннях. Цей аналіз є продовженням концепції, розробленої французьким соціологом П'єром Бурдьє (1930-2002): наші соціальні практики, а отже, і наші покупки, часто є відповіддю на бажання виділитися серед собі подібних шляхом наслідування практик вищих соціальних класів. Купуючи товар (автомобіль, парфуми тощо), споживач також може задовольнити свою потребу в соціальному визнанні.

Хоча це не нова тенденція, вона має особливу силу, коли розвиваються множинні ідентичності та зв'язки з громадою, які підтримуються, якщо не ініціюються, інформаційно-комунікаційними технологіями, зокрема соціальними мережами. Деякі бренди чудово грають на почутті приналежності, пов'язаному з простим володінням продуктом. Подумайте, як компанія Apple створила спільноту користувачів з 1980-х років: починаючи з мікросвіту графічних дизайнерів та професіоналів у сфері іміджу, ця спільнота, членами якої вважають себе багато користувачів, зросла в геометричній прогресії завдяки масовому ринку та маркетингу своїх флагманських продуктів (iPhone, iPad тощо).

Facebook, Twitter і всі соціальні мережі також використовують цю стратегію і будують свою діяльність на почутті приналежності, яке в даному випадку лежить в основі їх бізнес-моделі, з перевагою безкоштовного фінансування, пов'язаного з рекламою.

ПРАКТИЧНИЙ ПРИКЛАД – ХАРЧОВА ПРОМИСЛОВІСТЬ

Нарешті, давайте більш детально розглянемо сектор економіки: харчову промисловість. Цей сектор був особливо добре розроблений, щоб задовольнити всі рівні піраміди і продовжувати розробляти більш інноваційні продукти.

Продовольство, щоб годувати

Звичайно, харчова промисловість задовольняє фізіологічну потребу: потребу в їжі. Немає необхідності зупинятися на цьому аспекті, за винятком того, щоб підкреслити, що цінність промислового сектору залишається обмеженою, якщо він задовольняє лише одну сувору потребу. Для того, щоб зростати, ланцюжок створення вартості також включає в себе багато різних цілей, окрім простого задоволення голоду.

Їжа для захисту

Харчова промисловість також побудована на безпеці. Завдяки нормативним актам, які регулюють виробництво продуктів, промисловість зобов'язана пропонувати більше сертифікованих продуктів харчування, ніж старі кустарні виробники (втім, слід зазначити, що цей аргумент був справедливим на момент розвитку, але зараз кустарні продукти також підлягають суворим гігієнічним нормам). Свого часу домашнє консервування наражало багато сімей на ризик ботулізму (різновид харчового отруєння з тяжкими наслідками), якого не було при промисловому консервуванні.

Сьогодні з'явився другий рівень безпеки, оскільки виробники інвестували в нішу "функціональних продуктів харчування", також відомих як нутрицевтики. Маргарин, що знижує рівень холестерину, вітамінізоване молоко (яке стимулює ріст у дітей), зернові, які допомагають травленню, або мінеральна вода, яка зміцнює імунну систему, – все це процвітає в супермаркетах. Їхні твердження про користь для здоров'я також дедалі суворіше контролюються.

Їжа для спілкування

Їжа, особливо в західному світі, глибоко вкорінена в нашій культурі. Прийом їжі – це джерело дружби і час для обміну думками. Промислові постачальники, природно, скористалися можливістю запропонувати продукти, які задовольняють цю потребу в приналежності і соціальних зв'язках. Ось три приклади, які підпадають під цю категорію:

- "традиційні» готові страви, які претендують на відродження традицій та наближення споживача до кулінарної самобутності своєї країни;

- святкові та інноваційні продукти в якості закусок або десертів, які створюють певну атмосферу товариськості;

- великі бренди з різними продуктами для різних цільових ринків, особливо ті, що мають продукти, пов'язані з дитинством, які перетинають покоління і зосереджені на тому, щоб смак продуктів був спільною ідентичністю для всіх, хто їх споживає, створюючи спадкоємність між батьками та дітьми (Nutella, Haribo, Kinder, Banania та ін.).

Розвиток відділів халяльних, кошерних та азіатських продуктів у супермаркетах також відповідає ідентичності продуктів харчування, допомагаючи іммігрантам підтримувати зв'язок зі своєю рідною культурою через купівлю продуктів харчування.

Їжа для вираження цінностей

Зовсім недавно харчова промисловість звернулася до питання цінностей, цього разу не обов'язково в економічному сенсі. Після одночасної появи великих роздрібних мереж та індустріалізації харчової промисловості виникло багато запитань, на які потрібно було відповісти. Занепокоєння щодо ГМО, криза коров'ячого сказу 1990-х років, за якою послідувала суперечка щодо гормонів у яловичині, послідовні кампанії щодо ожиріння та надлишку цукру в продуктах харчування призвели до того, що споживачі почали вимагати подальших пояснень. Екологічна свідомість і пошук відмінностей у глобалізованому світі посилили ці очікування.

Саме ця потреба у приналежності та цінності призвела до появи етикеток, назв та інших рекомендацій, які поширилися у харчовому секторі. «Органічне землеробство», «справедлива торгівля» та «регіональні продукти» стали етикетками, які ми постійно бачимо на полицях магазинів. Вони надають інформацію про якість або походження продуктів харчування, а також інформацію про умови виробництва. Поля дуже широкі: оплата праці місцевих робітників, відмова від використання пестицидів, дотримання давніх кулінарних традицій тощо. Кожен вільний обирати продукти, які йому до вподоби, за умови, що етикетка відповідає його цінностям.

Їжа для особистого розвитку

Нарешті, їжа – а отже, і харчова промисловість – також відображає верхній рівень піраміди, а саме самореалізацію та самоствердження особистості.

Продукти високого класу, такі як чудові марочні вина, реміснича кава, вишуканий шоколад або рідкісні сорти чаю, приносять споживачам задоволення, яке виходить за рамки простої потреби втамувати голод або спрагу. Гастрономія, якщо не мистецтво, то, безумовно, ремесло досконалості, яке задовольняє потребу споживача в досягненні. Це, безумовно, втілюється великими кухарями або пекарями, але воно також має вихід у харчовій промисловості.

Пропонування споживачам простої можливості самостійно виконати частину рецепту також може задовольнити потребу в досягненні. Саме тому промисловість пропонує набори для приготування млинців або тортів, а також пропонує багато заздалегідь підготовлених продуктів для допомоги в приготуванні «домашніх страв», дозволяючи споживачам допомагати в їх приготуванні, а отже, даючи їм можливість проявити свою творчість.

РЕЗЮМЕ

- Піраміда потреб пропонує модель з п'яти рівнів, які класифікують людські потреби.

- Ця динамічна модель детально описує п'ять послідовних етапів, необхідних для розвитку людини: фізіологічні потреби, відчуття безпеки, визнання, самооцінка та досягнення.

- Теоретично обґрунтований американським психологом Абрахамом Маслоу, він рідко використовувався в економіці, оскільки нічого не говорить про конкретний розвиток попиту, тобто перетворення бажання покупця на покупку.

- Незважаючи на те, що її простота піддавалася критиці, вона все ще є сильною стороною моделі. Піраміда широко використовується в маркетингу, оскільки позиціонування товару або послуги в піраміді, намагаючись, по можливості, задовольнити потреби на декількох рівнях, призводить до розробки відповідної стратегії.

ЧИТАТИ ДАЛІ

БІБЛІОГРАФІЯ

Бушікі, Х., Серден, Ж-Л., Дорньє, П-П., Есно, Б., Ле Нагар-Ассаяг, Е. та Моттіс, Н. (2001) *Запрошення до управління*. Paris: Presses universitaires de France.

Fenouillet, F. (No date) Modèle hiérarchique des besoins. *La motivation, un concept puzzle*. [Онлайн]. [Accessed 5 May 2014]. Режим доступу: <http://www.lesmotivations.net/spip.php?article40>.

Жакмен, А., Тулкенс, Х. та Мерсьє, П. (2000) Основи *політичної економії*. [3rd видання]. Брюссель: Університет Бека.

Ламбен, Ж.-Ж. та Мурлуз, К. (2012) *Маркетингова стратегія та операційна діяльність*. [8th видання]. Париж: DUNOD.

Maslow, A. (2003) *Devenir le meilleur de soi-même : besoins fondamentaux, motivations et personnalité*. Paris: Eyrolles.

Міас, Л. (Без дати) Маслоу, Хендерсон, Сойнс. *Papidoc*. [Онлайн]. [Доступно 5 травня 2014 року]. Available from: <http://papidoc.chic-cm.fr/573MaslowBesoins.html>.

Ми хочемо почути вас!
Залишайте коментарі в онлайн-бібліотеці
та діліться улюбленими книгами в соціальних мережах!

50MINUTES.com

IMPROVE YOUR
GENERAL KNOWLEDGE
IN THE BLINK OF AN EYE !

www.50minutes.com

Видавець забезпечує достовірність опублікованої інформації,
за яку, однак, не несе відповідальності.

Майстер ISBN: 9782808601054
Паперовий ISBN: 9782808602501
Юридичний депозит: D/2022/12603/251

Цифровий дизайн: Primento,
цифровий партнер видавництва.

www.ingramcontent.com/pod-product-compliance
Lightning Source LLC
LaVergne TN
LVHW050850200726
843508LV00013B/3002